O me voy o te vas

O me voy o te vas

One of us must go

Rogelio Guedea

with translations by Roger Hickin

OTAGO UNIVERSITY PRESS
Te Whare Tā o Te Wānanga o Ōtākou

Blanca, el único país en el que puedo vivir

For Blanca, the only country I can live in

I

No ubicas calles ni reconoces rostros,
todo lo olvidas apenas dar la espalda.
Ayer encontramos a una mujer que te he presentado
cinco veces ya y malhaya la hora en que
te pregunté que si no la recordabas.
No me hiciste quedar mal delante de ella,
porque eres prudente como mi madre,
pero apenas dimos vuelta a la esquina
me increpaste contra la pared descascarada,
'si ya sabes que soy pésima fisonomista
para qué carajos me preguntas que si la
recuerdo, Guedea, ¿eh?'
No te sirve ninguno de mis argumentos:
un despiste, una mala jugada del subconsciente,
una forma de salir al paso en la conversación,
cero malicia.
'¿por qué, eh? ¡contesta!'
Te dije que era la hermana de sutanita,
la de la estética, te doy señas
y contraseñas, un día tú misma llegaste
hablándome de ella a la hora de la comida,
qué iba yo a saber:
nada sirve.
Tenemos casi veinte años de casados,
no, menos, casi veinticinco,
y nada hemos podido contra el olvido,
ni contra el amor, que todos los días
nos hace eternos, todavía.

I

You're no good at finding streets or recognising faces,
you forget everything the moment you turn your back.
Yesterday we ran into a woman I've introduced you to
five times now and I rue the day I asked you
do you not remember her.
You didn't put me down there and then
because you're tactful like my mother,
but we'd barely turned the corner
when you let fly under a crumbling wall:
'you know I've got no memory for faces,
eh Guedea, so why the fuck ask me
if I remember her?'
None of my excuses are any use:
oversight, unconscious ruse,
an attempt at conversation,
guilelessness.
'Why, eh? Tell me!'
I said she was so-and-so's sister,
the one who had plastic surgery.
I provide you with all sorts of clues—
one day you yourself
spoke of her at lunch.
It's no use:
what would I know.
We've been married nearly twenty years,
no, more like twenty-five,
and we're helpless against forgetfulness,
against love too, which every day
makes us eternal, still.

II

Las bisagras de la puerta
de nuestro baño rechinan
y ya me di cuenta que
no le has puesto el aceite 3 en 1
porque lo que quieres
es incordiarme en las madrugadas
con su rechinido.
No creas que no me he dado cuenta:
has inventado un sospechoso
mal de orina para justificar
tus idas al baño a altas horas
de la noche,
despertándome con las quejumbres
de la puerta.
No te había querido tender ninguna
celada en aras
de no evidenciar mi falta de sensibilidad,
pero después de descubrirte
moviendo la puerta hacia delante
y hacia atrás en repetidas
ocasiones, hasta cerciorarte
de que me despertabas,
ya no pude soportarlo.
Por eso hoy en la mañana te advertí
que algo me pasaba en los riñones
que me hacía levantarme
también a media noche a orinar,
justo después de ti:
un ardorcillo que el doctor
ha decretado pasajero, aunque

II

The hinges
of our bathroom door creak
and it occurs to me
that you haven't oiled it with 3-in-One
because what you want
is to drive me crazy in the small hours
with its creaking.
Don't think I haven't noticed:
you've come up with some bogus
bladder complaint to account for
your trips to the bathroom
in the middle of the night,
waking me with the groans
of the door.
I didn't want to display
my lack of sensitivity
and put you on the spot,
but after discovering you
moving the door
back and forth repeatedly
until you were sure
you'd woken me,
I could endure it no longer.
That's why this morning I told you
something was affecting my kidneys
that meant I too would have to get up
to pee in the middle of the night
just after you had:
a stinging sensation the doctor
declared was temporary, if

realmente incómodo.
No sé cuándo habrá de quitárseme,
te he dicho, así que te ofrecí una
disculpa de antemano si con
el quejido de la puerta
te incordiaba el sueño.
Te lo dije así, abiertamente,
y con sentida ternura,
no fueras a pensar que todo
era nomás una venganza.

somewhat uncomfortable.
I don't know how long it will last,
I said, so I offered you
an advance apology in case
the groaning door
should disturb your sleep.
I spoke so openly,
with such heartfelt tenderness,
you'd never have thought
it was simply revenge.

III

Te molesta que yo todavía
no use lentes y tú sí,
pese a mis lecturas nocturnas
bajo la lamparita de mi buró.
Te molesta que no tenga canas y
que tú, en cambio, pactes una cita
cada mes con la estilista
para pintártelas de raíz.
Te molesta incluso, siempre a la misma hora de la noche,
que tu alarma te recuerde tomarte tu pastilla
para la hipertensión, que dejas
lejos de tu alcance para no recordarte
que ya no eres la misma mujer vigorosa
de siempre.
Entras y sales a la ducha con el mismo rictus en las comisuras
    de los labios,
como si estuvieras enojada con el cepillo de dientes o el maquillaje
que usas para cubrir el paño
de tu frente,
y todo porque yo no uso siquiera el boiler, el agua fría me viene
de lo más bien, cómo la disfruto
a primera hora de la mañana.
Sólo hoy te vi contenta, ahora que lo pienso, durante la comida,
cuando te dije que había salido con el colesterol por los cielos
y los triglicéridos más allá de las nubes.
Sonreíste y me acariciaste con santa
delicadeza, una luz dulce y transparente emergía
del fondo de tus ojos,
qué sublime me lo pareció todo:

III

It bothers you that I still
don't wear glasses and you do,
even though I read at night
by the bedside lamp.
It bothers you that I don't have gray hair
and that you, on the other hand,
have a monthly appointment with the stylist
to colour your roots.
It bothers you too that, at the same hour every night,
your alarm reminds you to take your hypertension tablet,
which you leave well out of reach
so you're not constantly reminded
that you're not the same vigorous woman
you used to be.
You step in and out of the shower with the same rictus at the corners of
    your mouth,
as if angry with your toothbrush or the makeup
you use to cover the blemish
on your forehead,
and all because I don't even use the califont—
cold water suits me best,
how I love it first thing in the morning.
Just today, come to think of it, you seemed happy at lunch
when I told you my cholesterol had gone through the roof
and my triglycerides were sky-high.
You smiled and patted me with such tenderness,
a sweet, clear light welled up
from the depths of your eyes,
how wonderful everything seemed:

fue como haberte encontrado,
de nuevo, después de no verte en años,
por primera vez.

like not having seen you in years,
then meeting you again,
for the first time.

IV

La otra mañana, mientras recorríamos el mercado
a la busca de un manojo
de alfalfa, me dijiste de súbito
que el éxito de nuestro amor
se debía a mis ausencias.
Primero pensé que te referías a mis constantes
y obligados viajes, presentaciones de libros
en otra ciudad, ferias, seminarios
prolongados una o dos semanas,
etcétera,
me sentí triste, incluso decepcionado de mí,
pronto me di cuenta de que estaba en un error.
Es que cuando duermo—dijiste—
me alejo de ti. Habías conseguido calcular
que mi poco dormir (cuatro o cinco horas
a lo mucho) y tus largas jornadas de sueño
(ocho o diez horas por lo menos)
te daban un total de tres meses al año
de abandono, horas y horas
de irremediables compañías sin nosotros.
Nunca lo había visto de esa manera,
pero dicho así me pareciste irrefutable:
cada que ahora te miro dormir,
en las mañanas o al anochecer,
pienso en la enorme distancia que media
entre los extremos de nuestra cama,
la ausencia que nos separa
y el silencio que nos hace tanto bien:
nadie pensaría que es lo único
que nos mantiene en pie.

IV

A few mornings back as we went through the market
in search of a bunch of alfalfa, out of the blue
you said the success of our love
could be put down to my absences.
At first I thought you meant my constant
and obligatory trips, book presentations
in other cities, fairs, seminars
that last a week or two,
etcetera,
I felt sad, even disappointed with myself,
but soon realised I was wrong.
It's that when I'm asleep, you said,
I get some distance from you.
You'd calculated that my brief sleeps (four or five hours
at the most) and your nightlong ones
(eight or ten hours at least)
gave you a total of three months a year
of abandonment, hours and hours
unavoidably together but apart.
I'd never seen it that way before,
but put like that it seemed irrefutable:
every time I see you sleeping,
morning or evening,
I think of the enormous distance
from one side of our bed to the other,
the absence that separates us
and the silence that suits us so well:
no one would think it's the one thing
that keeps us together.

V

Hoy me encontraste
sentado en el retrete,
llorando.
Olvidé ponerle el seguro a la puerta
y entraste creyendo que ya
me había ido.
Me preguntaste si pasaba algo,
te dije que no, más bien que sí,
pero que no era nada.
Cómo que no es nada,
dijiste y miraste la imagen
de José Luis Perales
en mi teléfono celular.
Lo estaba escuchando y cuando
llegó a esa parte que dice
'es un ladrón, que me ha
robado todo'
ya sabes: no pude contenerme,
te respondí.
Pero si apenas tiene diez años,
me dijiste, como para ubicarme
en la realidad.
Pero como si acabara de nacer,
lo mismo me da, apenas
alcancé a replicar
y volví a escuchar, a lo lejos,
la voz de Perales todavía preguntando
'y cómo es él, en qué lugar se enamoró de ti ...'
Por Dios, dijiste, cerrando la puerta.

V

Today you found me
sitting in the bathroom,
weeping.
I'd forgotten to lock the door
and you entered
thinking I'd already emerged.
You asked me if anything was the matter,
I said no, or rather yes,
but it was nothing.
What do you mean nothing,
you said, and looked at the image
of José Luis Perales
on my cell phone.
I was listening to him and when
he got to that part where it says
'he's a thief, who's robbed me
of everything'
I couldn't hold back,
I replied.
But she's barely ten years old,
you said, trying to return me
to reality.
If she'd only just been born,
it would be the same, I barely
managed to reply
then went back to listening to the voice
of Perales in the background still asking
'and what's he like, where did he fall in love with you ...'
For God's sake, you said, shutting the door.

Me quedé todavía unos minutos
sentado en el retrete,
la mañana nos regalaba un sol tierno,
había pájaros en la jardinera,
bebiendo del agua de una jícara.
En el cuarto contiguo se escuchaban, por cierto,
las carcajadas de mi hija,
que, como cada sábado,
veía su programa favorito en el televisor.

I sat in the bathroom
a few minutes longer,
the day was showering us in gentle sunlight,
there were birds in the window box
drinking water from a bowl.
And in the next room I heard
the laughter of my daughter,
who, as every Saturday,
was watching her favourite TV show.

VI

Te gustan los árboles,
pero reniegas con la hojarasca,
te veo refunfuñar
cuando la barres al final del día.
Debiste aprenderlo: no hay
placer que no duela.
A mí, por ejemplo, me gustan
los pájaros, tú sabes cuánto,
pero su vuelo,
su libertad, me duele,
yo estoy aquí, con los pies pegados
a la tierra, clavados como
con un clavo en el concreto,
sin poder jamás alzar el vuelo.
Lo sé (*no hay placer ...*), pero
no me acostumbro.
Lo mismo pasa con nuestro amor:
qué miedo me da que un día,
por cualquier cosa
o porque así ya estaba escrito,
dejemos de querernos.
Seríamos como un árbol, entonces,
que no echará ya más hojarasca,
o como un pájaro que,
de súbito,
se quedó sin remontar su vuelo.

VI

You're fond of trees,
but curse their falling leaves.
I watch you grumble
as you sweep them at the end of the day.
You should know by now: no
pleasure without pain.
Take me, for instance, I'm fond
of birds, you know how much,
but their flight,
their freedom, pains me,
I'm stuck here
on the ground as if my feet
were nailed to the concrete,
unable ever to take off.
I know (*no pleasure ...*), still
I can't get used to it.
The same goes for our love:
I'm scared that one day,
for whatever reason
or because it's already written,
we'll stop loving each other.
Then we'll be like the tree
that ceases to shed its leaves,
or like a bird
suddenly
unable to regain the sky.

VII

Sobre tu buró hay un reloj-alarma de esos
que tienen una campanita
que suena como alma que se lleva el diablo.
Lo compraste en el mercado Obregón hace unos meses,
en el puesto junto a la señora
que vende manojos de alfalfa.
Me dijiste: esta es la solución.
Ya no más retardos en el checador del trabajo.
Recuerdo que hasta despotricaste en contra de los teléfonos inteligentes,
erraban más que un pabilo en el ojo de una aguja
y había que volver a lo antiguo.
Además, con esas melodías tan suavecitas
no se levanta nadie, decías.
Como la primera noche nos habíamos
metido tarde en la cama, justifiqué que no lo
escucharas poco antes del amanecer,
por eso no me molestó extender la mano
por sobre tu hombro para apagarlo,
seguiste dormida como una angelita
a pesar de aquel ruidajo.
La siguiente noche sucedió lo mismo
y la siguiente nada cambió tampoco,
pese a que te habías dormido temprano,
justo a mitad de la película que habías
jurado esta vez que veríamos completa.
En ambas ocasiones tuve que extender mi mano
por sobre tu hombro mientras tú, plácidamente,
ni te inmutabas.
Fue en la comida del siguiente
día que te sugerí o dormir con

VII

On your bedside table there's an alarm clock
the kind with a bell
that sounds like a soul being carried off by the devil.
You bought it at the Obregón market a few months back,
from the stall next to the lady
who sells bunches of alfalfa.
You told me: this is the answer.
No more being late for work.
I remember you even railed against smartphones,
how they're more frustrating than trying to thread a needle,
we should go back to the old phones.
Besides, those mellow tunes
wake nobody, you said.
On the first night we were
a bit late getting to bed, which meant
you didn't hear the alarm go off just before dawn.
I didn't bother reaching
over your shoulder to turn it off,
and you went on sleeping like an angel
despite the racket.
The following night the same thing happened
and the next was no different,
even though you'd gone to sleep early,
right in the middle of the movie you'd
sworn this time we'd watch right through.
On both occasions I had to reach
across you while you dozed on
undisturbed.
At lunch next day
I suggested you sleep with the clock

el reloj-alarma apretado en el pecho
o ponerlo bajo la almohada,
de esa forma yo no tenía que levantarme
a destiempo.
O, en todo caso, te dije,
si no puedes levantarte
cambia tus horas de ejercicio a la tarde.
No te lo hubiera dicho:
me increpaste diciéndome que de quererlo podías
incluso no dormir en días o semanas.
Luego agregaste: no sabía que te molestaba tanto
apagarme la maldita alarma.
Enojada, más bien furibunda, me lanzaste con sorna:
¡no más molestias al Señor!
La siguiente noche, sin embargo,
volvimos a lo mismo,
la alarma empezó a sonar a las
cinco de la mañana y no se detuvo hasta pasadas
las seis.
No quise mover un solo dedo esta vez,
permanecí bocabajo y con los ojos cerrados
hasta que el ruido de la campanita
se disolvió como un terrón de azúcar
en el agua tibia.
Lo bueno que era domingo.

held to your breast
or under your pillow,
so that way I wouldn't have to get up
prematurely.
In any case, I said,
if you can't wake up
don't exercise so late in the day.
I wouldn't have said it
but you gave me an earful saying that if you wanted to
you could go without sleep for days or even weeks.
Then you added: I didn't know it bothered you so much
to turn the damn thing off.
Annoyed, or rather furious, you sneered:
no more hassles for His Lordship!
Next morning, however,
we were back where we began,
the alarm started to ring
at five o'clock and didn't stop
until after six.
Determined this time not to move a finger,
I stayed face down eyes shut
until the noise of the bell
dissolved like a sugar cube
in warm water.
Good thing it was Sunday.

VIII

No te gusta ir a los supermercados,
el otro día te sorprendí maldiciéndolos mientras seleccionabas jícamas
    y pepinos,
lo hacías inclinada y dándome la espalda, para que no me diera cuenta,
tú sabes que a mí lo que más me gusta en la vida es ir a los supermercados,
me distraigo viendo el ir y venir de la gente, las conversaciones que escucho
de la madre con el hijo
que se niega a ponerse esas sandalias de horcapollo,
la mujer gorda que se mide una blusa y otra
sin lograr dar con su talla,
los empleados esquivos que me contestan mal, y a los que quiero
aunque me contesten mal,
la sección de vinos donde nunca encuentro el vino que me gusta
porque no sé de vinos, y porque en realidad el vino no me gusta,
recorrer los pasillos yendo de aquí para allá me tranquiliza,
tú lo sabes,
pero a ti eso te enyerba las venas, no tienes siquiera que decírmelo,
se te ve a lo lejos,
qué dolor siento al saberlo, de verdad,
no me sabrán ya más nunca los supermercados como antes, terminaré
maldiciéndolos por ti,
negándolos contigo, dándoles un puntapié,
hoy conduzco el automóvil rumbo al supermercado,
el supermercado está ya próximo, quizá en la siguiente esquina,
de verdad que no sé si detenerme o seguirme de largo
detenerme o seguirme de largo
detenerme o seguirme de largo
el asiento del copiloto donde normalmente te sientas va vacío.

VIII

You don't like going to supermarkets,
the other day I caught you cursing while you were choosing yams and
    cucumbers,
you were bent over with your back to me, so I wouldn't notice,
you know that going to supermarkets is what I like most in life,
it amuses me to watch people coming and going,
to hear the mother talking to the son who won't try on those sandals,
to see the fat woman who considers one blouse after another
unable to find her size,
the snooty assistants who are so unhelpful, I'm fond of them
all the same,
the wine section where I can never find a wine I like
because I know so little about wines, and because I don't really like wine,
to walk up and down the aisles calms me,
as you know,
but all that's like poison in your veins, you don't have to tell me,
it's obvious,
it hurts me to realise it,
from now on supermarkets will never know me as before, I'll end up
cursing them because of you,
rejecting them, giving them the boot,
today I'm driving in the direction of the supermarket,
it's right nearby, maybe at the next corner,
I don't know whether to stop or keep on going
stop or keep on going
stop or keep on going
the co-driver's seat where you'd normally be is empty.

IX

Días en que más que un escritor
me siento, a tu lado, un escritorio,
abro mis cajones
y los encuentras vacíos.

IX

Days when, beside you, I seem
more like a writing desk than a writer,
I pull out my drawers
and you discover they're empty.

X

Siempre te compro cosas que no te gustan,
las sandalias que te traje de mi viaje a Michoacán
te quedaron más ajustadas de lo normal,
el bolso que compré en aquella tienda
departamental que tanto te gustó sobre
la Texas Avenue
resultó no combinar con tu falda amarilla,
del prendedor de pelo que perteneció a mi abuela
me increpaste no hacer juego con tu nuevo corte
de pelo,
el labial resultó de un rojo demasiado intenso,
la noche poco propicia para salir a bailar,
etcétera.
Siempre quedo mal conmigo mismo
al no atinar tu día de cumpleaños
o nuestro aniversario,
qué pobre memoria tienes, me reprochas,
aunque nunca me haya olvidado
de amarte un solo día, tú lo sabes,
desde que nos conocimos.

X

I always buy you stuff that doesn't please you,
the sandals I brought back from my trip to Michoacán
were too small for you,
the bag I bought in the department store you liked so much
on Texas Avenue
turned out not to match your yellow skirt,
the hairclip that belonged to my grandmother
didn't go with your new
hairstyle, you declared,
the lipstick was too red,
it's not a good night to go dancing,
etcetera.
I always feel bad about myself
when I can't remember the date of your birthday
or our anniversary,
what a poor memory you have, you reproach me,
although you know I've never forgotten
to love you, not for a single day
since we met.

XI

No sabes cantar
y de veras lamento no poder decírtelo,
sueles cantar mientras cocinas
o te duchas, como hace casi
todo el mundo, te escucho y
no puedo evitar reconocer que
desafinas arteramente,
'¿escuchaste la canción que estaba cantando hace rato?'
me preguntas con inocencia,
sí, te digo, se escucha muy bien,
y eso a ti te pone por los cielos,
en realidad no hay manera de hacerte entrar en tono, pero ni pensar
en insinuártelo, el otro día casi me cuesta la vida haberte
sugerido que sostuvieras un poco más la voz,
te aturdiste como una niña a la que le han quitado su juguete nuevo,
recuerdo que te diste la media vuelta y te marchaste,
hoy que te escucho cantar mientras riegas las plantas del jardín central
no tengo más remedio que limitarme a contemplar
la luz que cae sobre tu hombro:
acabo de descubrir que el sol de las diez de la mañana
hace resplandecer tus mejillas.

XI

You can't sing
and I really regret not being able to tell you,
you often sing while you cook
or take a shower, as almost
everyone does, I listen to you
and can't help thinking
you're deliberately off key.
You ask me innocently,
'Did you hear the song I was just singing?'
and you're in seventh heaven
when I say yes, it sounded great—
in reality there's no way to get you to sing in tune,
the other day it nearly cost me my life
when I suggested you should hold back a bit,
you were stunned like a little girl who's had her new toy taken away,
you turned and stormed out.
Today I can hear you singing as you water the plants in the courtyard
and there's nothing to be done but gaze
at the light that falls on your shoulder:
I've just noticed how your cheeks glow
in the mid-morning sun.

XII

En las fotografías que nos toman en bodas o aniversarios
tú siempre sales bien y yo
siempre salgo
mal,
tú sales bien aunque hagas gestos feos
o muecas a la cámara
y yo salgo mal aunque ponga de frente siempre
mi perfil izquierdo,
que es el que mejor tengo,
lo peor es cuando se trata de seleccionar las fotografías para el
    álbum familiar:
tú las quieres todas y yo ninguna,
estiro yo aflojas tú
y al final quedamos peor que antes de habérnoslas tomado,
todavía conservo, por cierto, aquella foto que nos tomamos la
    primera noche
que te quedaste a vivir conmigo,
ambos frente al ventanal que daba a un pequeño huerto de rosas,
tú llevabas una falda larga oaxaqueña azul
y yo la única camisa de algodón que tenía entonces:
es la única foto en la que salimos bien los dos,
sonreímos y nos cogemos de las manos
por atrás de la espalda,
amorosamente.

XII

In photographs taken at weddings or anniversaries
you always come out well
and I always come out
badly,
you come out well even though you're frowning
or pulling a face at the camera
and I come out badly even though I always offer
my left profile,
which is my best one.
When it comes to choosing photos for the family album:
you like them all and I like none,
it's a tug-of-war that leaves us no better off
than if they'd never been taken.
By the way, I still have that photo we took
the night you moved in with me,
we're in front of the window that overlooked a small rose garden,
you were in a long blue Oaxacan skirt,
I had on the only cotton shirt I owned:
it's the one photo we've both come out well in,
we're smiling and lovingly holding hands
behind our backs.

XIII

Estamos a unos días de las votaciones
y apenas nos hemos dado cuenta
de que votaremos a distintos
candidatos,
yo no voy a decir aquí a quién vas a votar tú
—aunque me imagino que ya todos saben a quién—
ni tampoco voy a decir a quién voy a votar yo
pero sí diré que hoy después de la cena tuvimos una dura discusión
al respecto,
recuerdo todavía que hiciste rechinar
el tenedor sobre la mesa
y moviste el mantel de un lado a otro
con un gesto agrio
mientras yo me llevaba las manos a la boca, asombrado de verte
perder, como dicen, los estribos,
nunca imaginé que tuviéramos preferencias políticas distintas,
cómo iba a saberlo si cuando estamos en la playa, por ejemplo,
nos seduce el vuelo de las mismas gaviotas,
o cuando vamos al lago nos gusta por igual el atardecer
o incluso cuando escogemos fruta en el centro comercial coincidimos
en las mismas naranjas y manzanas,
por eso casi me fui de espaldas cuando me dijiste por quién
ibas a votar y por quién nunca lo harías,
fue, como ya lo dije, hoy un poco después de la cena,
habían llegado los colibríes a beber
agua en la pequeña fuente
y la luna se había ocultado de pronto,
como si fuera a llover.

XIII

A few days out from the elections
and we've just realised
we'll be voting for different
candidates,
I'm not going to reveal here who you'll be voting for
—though I guess everybody knows already—
nor will I say who I'm voting for
but I will say that tonight after dinner we had a serious discussion
on that subject,
you ground
your fork on the tabletop
and tugged the cloth from side to side
with a sour expression on your face
while I put my hands to my mouth, astonished to see you
lose your rag, as the saying goes,
I never thought we'd have different political preferences,
how was I to know—when at the beach, for example,
we're enchanted by the same seagulls' flight,
and when we go to the lake the sunset thrills us equally
and even when we buy fruit at the shopping mall we agree on
the same oranges and apples,
that's why I almost fell off my chair when you told me who
you were going to vote for and who you'd never vote for,
it was, as I said, tonight just after dinner,
the hummingbirds had arrived to drink
from the little fountain
and the moon had suddenly concealed itself,
as if it were about to rain.

XIV

Tú sabes que el ajo
tomado en ayunas
me salva de los cólicos
estomacales,
los he padecido en los últimos
meses
y me duele que no te hayas dado cuenta.
Ya sé que te incordia el olor, es horrible
y lo sé porque te he visto alejarte cada vez que busco
acariciarte un hombro
o descubrir tu pelo de la frente
en noches tibias como esta,
pero qué quieres que yo haga
tu actitud me pone contra la pared
¿el ajo o yo? me dices para fustigarme.
Miro tus pies desnudos al final de la cama,
tu espalda suave,
me doy la media vuelta
y me quedo dormido.

XIV

You know that garlic
taken on an empty stomach
relieves the cramps
I've suffered from these past
few months.
It hurts me that you haven't noticed them.
I know the awful smell bothers you
because I've seen you recoil each time I go
to stroke your shoulder
or brush the hair from your forehead
on warm nights like this,
but what do you want me to do,
my back's against the wall.
Garlic or me? you say to taunt me.
I look at your bare feet at the end of the bed
then at your smooth back
and I turn over
and go back to sleep.

XV

He buscado una calle que me saque
de esta ciudad
pero tú no quieres dejarme,
estás bien aquí—eso dices—,
te son familiares los árboles y las estrellas,
tu madre que apenas anda y tu padre, vivo aún,
quieres convencerme de que allá es un lugar
que sólo está en mi imaginación,
un paraíso sin alas,
un pájaro extraño que no se deja agarrar
con el corazón,
aquí en cambio hay rostros o edificios
que reconozco míos, incluso un jardín,
el hombro desnudo de esa mujer que va pasando.
He buscado una calle que me saque
de esta ciudad,
una cuerda que me empuje
aunque no sé si dejarte sea tan solo huir al encuentro
de mí mismo:
una manera de regresar a ti
definitivamente.

XV

I've been looking for a street that will take me
out of this city
but you don't want me to go,
you're fine here—you say—
with trees and stars that are familiar
and your mother who can barely walk and your father who's
    still alive,
you want to convince me that what's out there
is just in my imagination,
a paradise without wings,
an exotic bird the heart
can't catch hold of,
while here are faces and buildings
I recognise as mine, a garden too,
the bare shoulder of that woman going by.
I've been looking for a street that will take me
out of this city,
a rope that will propel me
though I don't know if leaving you might just be a way
to flee myself:
a way to come back to you
once and for all.

XVI

Te llevé con tu estilista y me pediste
que no me quedara,
tu estilista es de lo más amable conmigo y eso te molesta,
partí y estuve deambulando por el centro de la
ciudad, pero la verdad es que hacía un calor endemoniado
(era el peor día de la canícula) y no tuve más remedio
que volver a la estética:
un poco del aire acondicionado no me caería mal,
vi tu cara al detenerme en el dintel de la puerta,
era obvio que te había irritado mi regreso,
 había solo voluptuosas mujeres en aquel lugar,
todas vestidas de negro y todas enfundadas
en minifaldas y zapatillas de alto tacón,
en el estéreo se escuchaba una música de U2 y en el ambiente climatizado
solo faltaba que saliera ese humo blanco que arrojan en las discotecas,
¡estaba en el paraíso!
Tu estilista me miró como si hubiera llegado de un largo viaje su
    príncipe azul,
y yo no pude evitar mirarla como si su pie fuera de la misma
medida de la zapatilla que traía en la mano,
te vi un poco incómoda con la escena,
afortunadamente la mujer que te lavaba el pelo
en un descuido
te salpicó unas gotas de agua que te hicieron cerrar los ojos
por un instante,
el justo instante que necesité para perderme por siempre
en los labios de tu estilista.

XVI

I drove you to your hairstylist and you asked me
not to stay,
your stylist is very nice to me and that bothers you,
I left and wandered about the centre of town,
but truly it was hot as hell, the hottest day of summer,
and there was nothing for it but to go back
to the salon:
a bit of air-conditioning wouldn't hurt.
From the look on your face when I stopped in the doorway
it was obvious my return annoyed you,
the place was full of voluptuous women, all dressed in black, all squeezed
into miniskirts and high-heeled shoes,
the stereo was playing U2 and in the air-conditioned atmosphere
all that was missing was that white vapour they release at discos.
I was in paradise!
Your stylist looked at me as if her prince charming had come back
    from a long journey,
and I couldn't help but look at her as if her foot were the same size
as the shoe I had in my hand.
I could see you were a bit uncomfortable with it all,
fortunately the woman who was washing your hair
carelessly splashed a few drops of water
that made you close your eyes
for a moment,
just the moment I needed to lose myself forever
on the lips of your stylist.

XVII

Tomo conciencia de los días
y me parece que pasan volando:
hoy es viernes otra vez
y todavía no termino de cerrar el lunes
que fuimos a desayunar
hígado encebollado
en la fonda de doña Rafaela,
parece que fue ayer que me dijiste
que estabas cansada de estar conmigo,
a pesar de que me amabas.
Mañana será sábado
e iremos a comer a casa de tu madre
y seguramente sentiré que todavía
no me hace digestión la comida
del sábado anterior.
Los días se me acumulan uno encima de otro
y no uno detrás de otro,
de tal modo que parece que en lugar de sentir
que los arrastro en realidad los llevo cargando
sobre la espalda.
Algo de esto debes sentir tú misma conmigo.
El otro día (¿cuándo fue en realidad: ayer,
hace un año?) me dijiste que me estaba convirtiendo
en una carga para ti,
y yo ahora me imagino que es algo parecido
a la carga que yo llevo de los días,
cada vez la siento más pesada y me doblega
y te comprendo ahora más que nunca,
porque yo también quisiera quitármela de encima
para siempre,

XVII

It seems like the days
are just flying by:
it's Friday again
and I still haven't finished with Monday
when we had liver and onions
for breakfast
at the inn of Dona Rafaela,
it seems like only yesterday you told me
you were tired of being with me
even though you love me.
Tomorrow will be Saturday
and we'll go to eat at your mother's place
with me more than likely feeling
that last Saturday's meal
is still undigested.
The way the days keep piling up
it feels as if instead of pulling them along
I've got them loaded
on my back.
Some of this you too must feel.
The other day (when was it in fact? yesterday,
a year ago?) you told me I was becoming
a burden to you,
and I suppose it's a bit like that
with me and my load of days,
I feel it getting heavier and heavier and it crushes me
and I understand you better now than I used to,
because I would like to get rid of that load
forever,

como tú lo quieres hacer conmigo.
Todas las cosas, me doy cuenta, se comunican entre sí:
los años con los meses, los meses con las semanas,
las semanas con los días, mis pesados días con tu amor.

as you would like to get rid of me.
All things, I realise, are connected:
the years with the months, the months with the weeks,
the weeks with the days, my heavy days with your love.

XVIII

Esta mañana escribí un poema
en una servilleta de papel,
lo escribí en la fonda Lupita,
de Nogueras,
mientras esperaba a un amigo.
En el poema, recuerdo, hablaba sobre cómo
de un tiempo a esta parte
padezco tus enfermedades,
es decir que si me dices al atardecer que te duele la cabeza
yo antes de que anochezca ya
estoy sintiendo también el mismo dolor,
creo que a eso le llaman somatización,
pues eso,
y lo mismo me pasa con tu malestar en la espalda,
tu estreñimiento (aun cuando en la vida haya tenido problemas
    de ese tipo)
o tus mareos.
El poema iba muy bien,
ligero y sin ornamentos,
como si estuviera hablando contigo cuando estás ausente,
pero al final algo pasó que todo lo que había edificado se vino abajo
como una torre de naipes,
no se trataba del final (esa pesadilla que seguro ha sepultado
    grandes poemas)
sino de algo difícil de explicar,
lo que decía en el poema era cierto
pero por alguna razón carecía de verdad,
las palabras estaban en su justo lugar, no sobraban ni faltaban,
pero no terminaban de decir lo que yo quería expresar,
releí el poema dos veces o tres

XVIII

This morning I wrote a poem
on a paper napkin,
I wrote it in the Restaurant Lupita,
in Nogueras,
while I was waiting for a friend.
The poem spoke of how
for some time now
I've suffered your illnesses,
so that if late in the afternoon you tell me your head aches,
before it gets dark
I feel it too,
somatisation I think it's called,
and the same thing happens to me with your back pain,
your constipation (even if I too have had these sorts
    of problems)
and your vertigo.
The poem was going really well,
light and without any fanciness,
as if I were talking to you in your absence,
but then it all came crashing down
like a house of cards,
the problem wasn't the ending (that nightmare that's buried
    many a great poem)
but something hard to explain,
what I said in the poem was true
but somehow it lacked truth,
the words were in the right place, neither too many nor too few,
but they didn't say what I wanted to express,
I reread the poem two or three times

y al final tuve que tomar la dura determinación de tirarlo a la
basura,
había un botecito junto a la mesa y
ahí lo tiré,
pocos minutos después llegó mi amigo,
se sentó en el otro extremo de la mesa y llamó al mesero,
él ordenó café y yo un té de hierbabuena,
entraba un viento fresco esta mañana en la fonda Lupita
y creo que a lo lejos, por la espalda,
se escuchaba el crepitar de tus pasos tambaleándose
hacia mí.

and in the end had to make the difficult decision
to ditch it,
beside the table was a small bin
into which I threw it.
A few minutes later my friend turned up,
he sat down at the other end of the table and called the waiter,
he ordered coffee, I ordered mint tea,
this morning a cool breeze was blowing into the restaurant
and in the distance, behind my back,
I thought I heard the approach of your unsteady
footsteps.

XIX

Cierro la ventana o la abro
según tengas frío o calor,
haga viento o llueva,
pero hay noches en que hace viento
y no llueve ni hace frío
y entonces la quieres cerrada
aun cuando el calor nos agobie,
o a la inversa,
noches en que hace frío y llueve
y la quieres abierta aunque
la brisa me moje los costados,
me estás volviendo loco,
me pongo calcetines o me los quito
a tu voluntad, para no resfriarme
o insolarme, me levanto
o me quedo quieto a tu capricho,
cierro la ventana o la abro
sin saber realmente
si tienes frío o calor,
si lo haces para molestarme
o por distracción,
he llegado a pasar noches enteras
en vela, mirando por entre
las cortinas la luna llena,
su luz desvela una sinuosa
línea de tu cuerpo que repta
por la cama hasta tocar
la punta de mis pies desnudos.

XIX

I open or close the window
according to whether you're hot or cold,
whether it's windy or it's raining,
but there are windy nights
when it doesn't rain and it's not cold
and then you want it closed
even when the heat overwhelms us,
on the other hand,
there are nights when it's cold and it rains
and you want it open although
the breeze soaks my sides,
you're driving me crazy,
I put socks on or take them off
at your bidding, so as not to catch cold
or suffer heatstroke, I get up
or lie still at your whim,
I open or close the window
without really knowing
whether you're cold or hot,
whether you do it to annoy me
or for your own amusement,
now I spend whole nights
awake, peering through
the curtains at the full moon
whose light reveals your body's sinuous
outline that creeps
across the bed towards
the tips of my bare feet.

XX

Se cree que los recuerdos son pequeñas nubes
que se rompen con el viento
o redondas burbujas de jabón atravesadas por un alfiler,
pero en realidad son mallas metálicas
o sólidas duelas
o incluso aceras de concreto
sobre las cuales podemos caminar sin ninguna preocupación,
porque los recuerdos son pisos firmes y nos sostienen.
Yo tengo varios (no muchos, sólo algunos)
y basta con que los evoque para ser salvado en la caída.
Son recuerdos de infancia, principalmente, y de adolescencia,
músicas que vienen del pasado,
rostros, ciertas calles, algunos abrazos, muchas tardes,
ya no sé cuántas lluvias,
objetos queridos,
libros, poemas, y están ahí para detenerme
cuando me voy yendo de espaldas
o para jalarme por la espalda
cuando me voy yendo de bruces.
En casa tengo algunas cuantas cosas
gracias a las cuales yo sigo aquí,
¡qué habría sido de mí de no haberme asido a ellas en la caída!
Son los recuerdos, esas laminillas
que se superponen en nuestro interior,
a la manera de los cimientos de las casas,
para sostenernos en pie,
y así es como funciona esto, ni más ni menos,
tal como ese recuerdo tuyo que hoy
ha irrumpido en mi habitación
para ponerme contra la pared.

XX

They say that memories are small clouds
that break up in the wind
or round soap bubbles a pin can pierce,
but in reality they're steel mesh
or strong planks
or even concrete sidewalks
on which we can walk unperturbed,
solid floors that support us.
I have several (not many, but some)
and I'm saved from falling simply by recalling them.
Mostly memories of childhood, and of adolescence,
music from the past,
faces, certain streets, a few embraces, numerous afternoons,
countless showers of rain,
treasured objects,
books, poems, there to keep me
from ending up on my back
or to pick me up
when I've fallen flat on my face.
At home I have a few things
thanks to which I'm still here.
What if I hadn't grabbed them as I fell!
They're memories, lamellae
that overlap inside us,
there to keep us on our feet,
the way foundations hold up houses,
that's how it is, precisely,
so too with that memory of you
that burst into my room today
and knocked me sideways.

XXI

Quería esta mañana
escribir un poema sobre nuestra
discusión de anoche
(el pelo, recuerdo, te brillaba con la luz de la lámpara)
pero tuve que prepararme el desayuno
yo mismo (seguías molesta y te rehusaste a hacerlo) y ya no me
    dio tiempo
de sentarme con calma frente al ordenador,
también tuve que lavar los trastos
y tender la cama, incluso saqué al patio la basura y aún me dio tiempo
de salpimentar el pescado que comeríamos en casa de mi madre,
como cada miércoles.
Iba a escribir un poema no sobre lo que discutimos, obviamente,
que la poesía no sirve para eso,
sino sobre cómo se veía tu pelo mientras me amonestabas con las manos,
tus ojos mientras me reñías
o increpabas,
y el recuerdo de aquel viaje que hicimos a Chihuahua,
ese tren en el que viajamos abrazados mirando a través de la ventana
las verdes montañas,
y cuánto nos quisimos desde entonces.
Sobre eso quería escribir el poema esta mañana, pero no pude,
tú anoche me dijiste que si no quería morirme de hambre más me valiera
que aprendiera a cocinarme un huevo frito.
Te veías tan bella fuera de tus cabales,
que ni siquiera escuché lo que me dijiste,
solo tu pelo era lo que resplandecía en medio de la noche:
mojado—como siempre—de eternidad.

XXI

This morning I wanted
to write a poem about
our quarrel last night
(your hair, I remember, shone in the lamplight)
but I had to get my breakfast
myself (you were still upset and refused to)
and there was no time to sit down quietly
in front of the computer,
I had to wash the dishes too
and make the bed, I even took the garbage out
and seasoned the fish we'd be eating at my mother's
as we do each Wednesday.
I was going to write a poem, not about what we quarrelled over, clearly—
poetry's no good for that—
but about how your hair looked as you gesticulated angrily,
how your eyes looked
as you tore strips off me,
and the memory of that trip that we took to Chihuahua,
that train we embraced in, looking through the windows at the green
    mountains,
and how much we've loved each other since then.
That's what I wanted to write a poem about this morning, but couldn't,
you told me last night that if I didn't want to die of hunger
I'd better learn how to fry an egg.
As you got worked up you looked so beautiful
I paid no attention to what you were saying,
there was only the radiance of your hair in the night:
drenched—as always—in eternity.

XXII

Lo peor
no es perderla
para siempre:

lo peor
es perderla
siempre.

XXII

The worst thing
is not losing her
forever.

The worst thing
is forever
losing her.

XXIII

Te vi cruzar la avenida
en la esquina
del semáforo,
ibas como más resuelta,
como más libre
y tu pelo incluso ondeaba con el viento,
en cambio a mí
me sudaban las manos
y por más que intentaba erguirme
en el asiento
un pesado estupor me empujaba
contra el volante,
tú en cambio cruzaste la calle
segura de que todo el mundo
se había detenido
para dejarte pasar.
Te detuviste justo frente al Oxxo,
titubeaste un segundo
y finalmente decidiste entrar,
yo avancé con el semáforo
en verde
pero vi por el espejo retrovisor
con pena y dolor
cuando le guiñaste el ojo
al chico que te abrió la puerta.

XXIII

I saw you cross the avenue
at the corner
with the traffic lights,
you seemed somehow more determined
somehow freer
and your hair even riffled in the wind.
As for me
my hands were sweating
and much as I tried to sit up
in the seat
a heavy stupor pushed me
onto the steering wheel,
while you crossed the street
convinced that everyone
had pulled up
to let you pass.
You stopped right in front of the Oxxo store,
hesitated briefly
then decided to go in,
I moved on as the traffic lights
turned green
but winced as I saw you in the rearview mirror
wink at the kid
who opened the door for you.

XXIV

Hay una sola cosa
en la que te pareces
a mi madre:

también tú
me dejas
cuando más
te necesito.

XXIV

There's just one way
you resemble
my mother:

you too
leave me
when I most
need you.

XXV

Yo sabía que algún día de estos tenía
que suceder,
no tengo el trabajo que te dije
ni gano lo que te dije que ganaba
y yo soy el único responsable de esta deuda por la que ahora estamos
a punto de perder la casa,
no sé cómo no te lo dije antes,
el día que perdí el trabajo en el tribunal
estabas muy alterada con el asunto de tus oposiciones
y las últimas correcciones a tu tesis doctoral
y se me hizo fácil permanecer con la boca cerrada,
aun cuando sacar mis libros, mis fotos y mis cuadros de la oficina
donde estuve los últimos diez años
casi me deja sin aliento,
lloré en silencio en aquel espacio sin nadie,
no pedí explicaciones—para qué—aunque mi despido fuera injustificado,
no protesté ni siquiera contra mí mismo,
salí esa mañana sin decirle adiós a nadie
y estuve toda la tarde con la caja de mis pertenencias sobre las piernas
sentado en el jardín de enfrente,
viendo a las palomas picotear el suelo vacío,
sabía que lo de la tarjeta de crédito tarde o temprano haría aguas en
    nuestra embarcación
pero confié en que pronto encontraría algo,
creía que tenía buenos amigos, sin embargo los amigos todos se esfumaron,
ya ves que a nadie se le quiere en la desgracia,
te lo iba a decir hace unos meses pero te vi tan triste luego de perder
    las oposiciones
que preferí esperar,
esperar otra vez,

XXV

It had to happen one of these days,
I don't have the job I told you I had,
I don't earn what I told you I was earning
and I alone am responsible for this debt
which means we're about to lose our house,
I don't know why I didn't tell you before,
the day I lost my job at court
you were worried about your civil service exams
and putting the final touches to your doctoral thesis
so it was easy for me to say nothing,
even when removing my books and photos and paintings from the office
I'd occupied for the last ten years
had me gasping for air.
I wept silently in that empty space,
though my dismissal was unreasonable I sought no explanation,
nor did I get angry with myself,
I left that morning saying goodbye to no one
and spent the entire afternoon with my belongings in a box on my lap
in the park across the road,
watching the pigeons peck at the bare ground,
I knew that sooner or later my credit card would spring a leak
but hoped I'd soon find something,
I thought I had good friends, but those friends all vanished,
nobody knows you when you're down and out,
I was going to tell you a few months back but when I saw
how unhappy you were after failing your exams
I decided to wait,
and went on waiting,

hoy que llegó esta notificación del banco no me deja más excusas,
voy a salir a decir lo que tenga que decir,
asumo la responsabilidad de mi fracaso,
es un día tan hermoso que me da la impresión de que todas las cosas
se pondrán a mi favor.

now this notification from the bank has arrived there are no more
    excuses,
I'll come out and say what I have to say,
I take responsibility for my failure,
it's such a lovely day I have the feeling everything
will be in my favour.

XXVI

Me pareció verte en una calle del centro de la ciudad,
me gusta verte sin que te des cuenta que te estoy viendo.
A pesar del tumulto de gente te atisbé a lo lejos
caminando entre las tiendas de ropa,
llevabas dos bolsas de compra en una mano,
una con un sombrero de alas adentro,
un sombrero amarillo que parecía un canario.
Era notorio que te habías tomado la tarde para cambiar tu guardarropa
de verano a invierno
y no me lo dijiste,
ya no recuerdo desde hace cuándo empezaste a hacer sola todas tus
    compras,
qué serena te veías,
tus pasos sin prisa se escurrían entre pasos apesadumbrados,
de vez en cuando te detenías y volteabas hacia atrás
o hacia un lado
como si presintieras que te estuviera siguiendo,
a leguas se notaba que aquello te alteraba,
era en la tarde y el cielo estaba nublado,
el aire fresco entraba y salía de tu cabello moviéndolo a libertad.
Yo permanecí parado junto al semáforo del banco:
tus pies delgados se fueron disolviendo poco a poco en el atardecer.

XXVI

I thought I saw you in the street in the centre of town,
I like to watch you when you don't realise I'm watching you.
Despite the crowd I glimpsed you in the distance
walking from one clothing store to another
with two shopping bags in one hand,
in one a hat with a brim,
a yellow hat that looked like a canary.
Clearly you'd taken the afternoon off to switch your wardrobe
from summer to winter
without bothering to tell me,
I don't remember when it was you began to shop alone,
how serene you looked,
you slipped with unhurried steps among the careworn throng,
pausing now and then to look back
or to one side
as if you had a feeling I was following you,
even from a distance it was clear that something had upset you,
it was evening and the sky was cloudy,
a cool breeze ruffled your hair at will.
I stood at the traffic lights by the bank:
bit by bit your slender feet were dissolving in the dusk.

XXVII

Varias veces he intentado decirte
que me preocupa el olvido
y todas las veces que te lo he dicho me has dado la espalda, indiferente.
La otra noche, cuando apagaste la luz de tu lamparita
¿recuerdas?
te explicaba que tengo nostalgia de las calles que vendrán después de mí,
de las mujeres que no podré encontrarme casualmente en cualquier lugar,
de los árboles consuetudinarios, de los rostros que me sucederán
sin que yo lo sepa,
nostalgia de saber que un día no podré encender el televisor
para enterarme de las noticias del día,
¿me estás escuchando?
qué harán con esta ausencia mis hijos o los hijos de mis hijos
o qué quedará de esta tarde gris en la que escribo sobre nuestro amor
¿y mis libros que subrayé con tinta roja quién los leerá?
¿y mis camisas sobre qué hombros terminarán colgadas?
Realmente me preocupa no estar para saberlo, te decía,
mientras se abultaba tu silueta en la oscuridad,
¿me estás escuchando?
en realidad no me estabas escuchando,
seguías con la cabeza mirando hacia el techo
(tus manos suaves cruzadas sobre tu pecho),
pero hacía ya bastante tiempo que te habías dormido.

XXVII

Several times I've tried to tell you
that I'm worried about forgetting
and each time you've turned your back on me, indifferent.
The other night, when you switched off your bedside lamp,
(remember?)
I explained to you that I'm homesick for streets that will appear when
    I am gone,
for women I'll never meet,
for the intimacy of trees, for faces
I'll never know,
homesick knowing that one day I won't be able to turn on the TV
to keep up with the news of the day.
Are you listening to me?
What will my children or my children's children do with this absence
and what will remain of this gray afternoon on which I write about
    our love,
the books I underlined in red ink—who will read them—
and my shirts—whose shoulders will they end up on?
It really bothers me, I said,
as your silhouette billowed in the darkness,
that I won't be around to know,
are you listening to me?
No, you weren't listening at all,
you kept on staring at the ceiling
(your soft hands crossed on your chest)—
in fact you'd long since fallen asleep.

XXVIII

Escribir en contra de tu amor
es escribir de tu amor:
es amarte de otra manera,
es amarte de todas las maneras.

XXVIII

To write against your love
is to write about your love:
is to love you another way,
is to love you in every way.

XXIX

Nuestra cama tiene un muro invisible en el medio,
un muro infranqueable
que nos mantiene de espaldas en la noche,
tú miras hacia el sur
y yo hacia una ventana sin paisaje,
mi taza de té y la tuya de café yacen, desde hace algunos años,
en diferentes repisas del sombrío anaquel,
mi toalla cuelga de otra percha
y mis sandalias ya no se cruzan con los tuyas en el
cuarto de baño,
si alguien se detuviera en un ángulo de la casa
(a la entrada o al final del corredor)
se daría cuenta de que
ya no nos encontramos en el pasillo,
menos en la sala de estar,
ni por error siquiera en las tardes de lluvia.
Mi cepillo de dientes que antes usabas
cuando el tuyo se extraviaba,
ah hoy luce solitario sobre el portacepillos.
Qué triste es ver, a lo lejos, esa frontera que
se alza entre tu plato y mi plato,
tus manos y las mías,
tu nombre y el puñado de cenizas
que queda del mío.

XXIX

Our bed has an invisible wall down the middle,
an unbreachable wall
that keeps us back to back at night,
you look to the south
and I have a window without a view.
Our cups have sat for years
on separate shelves,
my towel hangs on another hanger
and my sandals no longer bump into yours
in the bathroom,
if someone were to linger at a corner of the house
or by the front door
they'd be able to report
that we no longer meet in the hallway,
nor in the living room,
not even by mistake on rainy afternoons.
My toothbrush that you used to use
when you misplaced yours,
today looks lonely in the toothbrush holder.
How sad it is to see, at a distance, that divide
between your plate and mine,
your hands and mine,
your name and the handful of ashes
that remains of mine.

XXX

No sé si esta mano que escribe
tu nombre al anochecer
se vaya a quedar diciendo adiós cuando me muera,
si algo de mi voz, un hilo fino
llamándote al mediodía en el verano
vaya a quedar en medio de tanta gente
que va y viene y que sin quererlo
me pisa por encima.
No sé si mi estómago vaya a quedar
después de mí, en mi último día,
digiriendo el cielo azul de ayer.
No sé si mi dedo gordo del pie derecho
vaya a quedar en pie sobre la calle empedrada
de mi barrio amado.
No sé si mis pantalones vayan a quedar
colgados por siempre en una percha,
viéndolos levantarse en la mañana muy temprano
para ir a la universidad.
No sé si este dolor que siento en la rodilla
vaya a quedar temblando en tus labios, mujer,
o en un pliegue del viento cuando se inclina
o en el polvo que recubre la taza azul en la alacena.
No lo sé.
Pero no quisiera que esa mano amarga se lo llevara todo,
no quisiera que esa mano escribiera otro nombre
sobre mi nombre, borrándolo todo.
Quisiera al menos oírme cantar en el doblez de un pájaro
tal como si fuera la marcha de un tren
interminable y solitario
que se perdiera en el infinito.

XXX

I do not know if this hand that writes
your name at nightfall
will go on saying goodbye when I die,
if something of my voice, a fine thread
calling you at noon on a summer's day
will linger in the midst of everyone
who comes and goes and accidentally
treads on me.
I do not know if my stomach will remain
after me, on my final day,
digesting yesterday's blue sky.
I do not know if the big toe of my right foot
will go on standing on the cobbled street
of my beloved neighbourhood.
I do not know if my trousers will go on
dangling eternally on their hangers,
and setting off for university first thing every morning.
I do not know if this pain I feel in my knee
will go on trembling on your lips
or in a fold of the wind when it drops
or in the dust that coats the blue cup in the cupboard.
I do not know.
But I would not want that bitter hand to carry off everything.
I would not want that hand to write another name
on top of my own, blotting it out completely.
I would want at least to hear myself sing with the fragility
    of a bird
something like the passing of a train,
an endless lonely train
that vanishes into infinity.

Mexican-born poet and novelist **ROGELIO GUEDEA** is the award-winning author of more than forty books. His poetry collection *Kora* was awarded the prestigious Spanish Premio Adonáis de Poesía in 2008, and in 2013 his novel, *El crimen de Los Tepames* (Mondadori), was one of the top five best-selling novels in Mexico. His most recent poetry collections, both with English translations by Roger Hickin, are *Si no te hubieras ido / If only you hadn't gone* (2014) and *Punctuation* (2018). He was the coordinator of the University of Otago Spanish Programme and Associate Professor of Spanish from 2008–16. Rogelio is currently based in Wellington and is the director of The New Zealand Hispanic Press.

ROGER HICKIN has written poetry since the 1960s. As well as translating Rogelio Guedea, he has published translations of Nicaraguan poets Joaquín Pasos, Carlos Martínez Rivas, Ernesto Cardenal, and Blanca Castellón. He is the editor and publisher at Lyttelton-based Cold Hub Press.

Published by Otago University Press
Te Whare Tā o Te Wānanga o Ōtākou
533 Castle Street
Dunedin, New Zealand
university.press@otago.ac.nz
www.otago.ac.nz/press

First published 2022

ISBN 978-1-99-004842-5

Editors: Lynley Edmeades and Leonel Alvarado
Cover photograph: Shutterstock

Printed in New Zealand by Ligare